푸른사상
창작 한시선
1

강성위 한시집

술다리
酒橋

술다리
酒 橋

| 代序 |

詩手何期得富貴

驚人妙句思而思

乾坤景似西施麗

軸滿伈伾羞學詩

* 伈伾古醜女名

| 서문을 대신하여 |

시를 짓는 이가 어찌 부귀 얻기를 기약하랴!

사람 놀래줄 묘구(妙句)를 생각하고 또 생각할 뿐…

천지의 경물은 서시처럼 아름다운데

시축(詩軸)엔 비휴만 가득하여 시 배운 게 부끄럽구나.

* 비휴는 옛날 추녀의 이름이다.

| 차례 |

□ 代序　서문을 대신하여

1부

14	對酒	술을 대하고서
16	冬日遣懷	겨울날에 울적한 회포를 풀다
18	迎春有感	봄을 맞으며 감회가 있어
20	花後雪夜	꽃 핀 뒤 눈 내리는 밤에
22	讚金彦鍾全廣鎭兩敎授皆赴任於京師	김언종·전광진 두 교수께서 모두 서울로 부임하신 것을 기리며
24	送金君遇錫之任慶山	경산으로 부임하는 김우석 군을 전송하며
26	讀犀帶行後依其韻以敍懷寄鍾燮兄	「서대행」을 읽은 뒤에 그 운을 사용하여 심회를 펴 종섭 형에게 부치다
28	悲仲秋節 戊寅	중추절을 서글퍼하며 무인년
30	喜逢故友而翌日遠別	기쁘게 옛 친구를 만났으나 이튿날 먼 이별을 하다
32	早蟬	철 이른 매미
34	紫陌喜雨	서울에 내린 기쁜 비
36	送姜熙遠先輩之遊學美國	미국으로 유학 떠나시는 강희원 선배님을 전송하며
38	韓國足球遂進入半決賽	한국 축구, 마침내 4강에 진입하다
40	戱作	재미삼아 짓다

| 술다리 酒橋 |

2부

44　題紫霞詩社　자하시사에 부쳐

46　春日閑吟　봄날에 한가하게 읊다

48　與中文科同學踏安東謝林君魯直　중문과 동학들과 안동에 답사를 가서 임노직 군에게 감사해 하다

50　屛山書院卽事　병산서원에서 즉흥으로 지은 시

52　江村卽事　강마을에서 즉흥으로 지은 시

54　得登金陵鳳凰臺韻　「등금릉봉황대」 운을 얻다

56　暫訪鄕里宿一夜夜炎極甚難成眠　잠시 고향을 방문하여 하룻밤을 묵었는데 밤더위가 극심하여 잠을 이루지 못하고서

58　閑日雨中思友　한가한 날 비 내리는 가운데 벗을 생각하며

60　次晩歸亭韻　만귀정 시에 차운하다

62　寓居讚　우거(寓居)를 기리며

64　秋懷　추회

66　四時四快　사철의 네 가지 즐거움

68　冬夜讀書有感　겨울밤에 책을 읽다가 감회가 있어

70　新曆見贈　새 달력을 받고

72　致牽牛與織女　견우와 직녀에게

74　歲暮 甲申　세모 갑신년

76　乙酉正月初二日與家率遊江原陳富嶺滑雪場　을유년 정월 초이틀에 가족들과 더불어 강원도 진부령 스키장

| 차례 |

에서 노닐다

78 　冬夜一友度暇中打電話　　겨울밤에 한 벗이 휴가 중에 전화를 하기에

80 　乙酉早春送鄭川步相泓之任豊基東洋大　　을유년 이른 봄에 풍기 동양대로 부임하는 천보 정상홍을 전송하며

82 　去年甲申韻山兄與諸友約一年一卷書今年乙酉春果然上梓第二詩集因戱作二絶而贈　　작년에 운산 형께서 여러 벗들과 1년에 한 권의 책을 약속하였는데 금년 봄에 과연 제2시집을 상재하였다. 이에 재미삼아 두 수의 절구를 지어 주다

84 　聞小南補任於慶北大退溪硏究所所長　　소남이 경북대 퇴계연구소 소장으로 보임되었다는 소식을 듣고

3부

88 　乙酉年南道踏査十二絶 其一 瀟灑園竹林有感　　을유년 남도답사 절구 12수·1 소쇄원 대숲에서 감회가 있어

90 　乙酉年南道踏査十二絶 其三 華嚴寺夕遊　　을유년 남도답사 절구 12수·3 화엄사 저녁 유람

92 　乙酉年南道踏査十二絶 其十 茶山草堂有感　　을유년 남도답사 절구 12수·10 다산초당에서 감회가 있어

94 　乙酉年南道踏査十二絶 其十一 寶城茶園　　을유년 남도답사 절구 12수·11 보성다원

96 　乙酉年南道踏査十二絶 其十二 戱作而示中文科諸生

| 술다리 酒橋 |

을유년 남도답사 절구 12수 · 12 재미삼아 지어 중문과 학생들에게 보여주다

98 和三亦齋先生光陽竹枝歌 삼역재 선생님의 「광양죽지가」에 화답하다

100 雨中晩梅 빗속에 핀 때늦은 매화

102 初夏與舍弟尋某人途中卽事 초여름에 동생과 함께 아무개를 찾아가던 도중에 즉흥으로 지은 시

104 題豊基玄巖精舍 풍기 현암정사에 부쳐

106 我愛雨天 나는 비오는 날이 좋다

108 仲秋節有感 乙酉 중추절 유감 을유년

110 戲贈韻山芸庭兩人兼示諸益 재미삼아 지어 운산 형과 운정에게 주고 겸하여 여러 벗들에게 보이다

112 重陽節 중양절

114 遊平昌 평창을 노닐다

116 楓遊 단풍놀이

118 昨夜返平昌後韻山兄打電話云時晚身困不願相會然而又不可無一飮以電話相與談笑而各自銜杯亦不可乎於是余與韻山及川步三人迭打電話以盡風流
어젯밤에 평창에서 돌아온 후에 운산 형이 전화를 하여 말하기를, "시간도 늦었고 몸도 피곤하니 모이지 않았으면 하네. 그러나 또 한 잔 술이 없을 수 없으니 전화로 서로 담소를 나누며 각기 자기 술잔을 드는 것 또한 좋지 않겠는가?"라 하였다. 이에

| 차례 |

나와 운산 형, 천보 형 이렇게 셋이서 번갈아 전화를 하며 마음껏 풍류를 즐기다
120 冬日偶吟   겨울에 우연히 읊다
122 訪昔谷書庵   석곡서암을 방문하고서
124 醉歸後   취하여 집에 돌아온 후에
126 題石竹會   석죽회에 부쳐
128 暮春鄕里吟   늦은 봄에 고향마을에서 읊다

4부

132 戱吟   재미삼아 읊다
134 處暑日度暇村戱吟   처서에 휴가지에서 재미삼아 읊다
136 露珠   이슬방울
138 初秋述懷   초가을 회포를 적다
140 幼女之勸告   어린 딸의 권고
142 放送大講授後某人用手機時留寸言以悅吾心然而終不明其姓名因戱作五絶一首   방송대에서 강의한 후 누군가가 핸드폰으로 이따금 문자를 남겨 내 마음을 즐겁게 하였다. 그러나 끝내 자기 성명은 밝히지 않았다. 이 일로 인해 재미삼아 오언절구 한 수를 짓다
144 旅路上詩人之悲哀二首   여행길에 오른 시인의 비애 2수
146 見初雪思秋冬之界   첫눈을 보고 가을과 겨울의 경계를 생각하다

| 술다리 酒橋 |

148 　贈室人　　집사람에게 주다
150 　秋日寄小南　　가을날 소남에게 부치다
152 　晚秋訪友　　늦은 가을에 벗을 방문하다
154 　藥袋　　약봉지
156 　詠印章　　도장을 노래함
158 　冬夜風　　겨울밤 바람
160 　春風　　봄바람
162 　妻促斷煙　　집사람이 금연을 재촉하다
164 　一友打電話勸買地　　한 친구가 전화를 걸어 토지 매입을 권하기에
166 　夜中皮球越柵來　　밤중에 공이 철책을 넘어 오다
168 　待雪戲作　　눈을 기다리며 재미삼아 짓다
170 　吾家所嫌　　우리 집이 싫어하는 것
172 　爲舍弟心山書展韻　　동생 심산의 서예전을 위하여 지은 시
174 　賀午泉李啓準教授停年退任　　오천 이계준 교수의 정년 퇴임을 경하하며
176 　賀養眞齋落成韻　　양진재의 낙성을 경하하는 시
178 　致藝誠　　예성에게

1부

對酒

樽前憂後不能酣

醒後恨前非偉男

伸手可通賢與聖

書生此外復何貪

＊三國志有酒清者爲聖人濁者爲賢人之語

술을 대하고서

술동이 앞에서 뒷날 걱정하면 술 즐길 수 없고

술 깬 뒤 전날 한스러워하면 쾌남(快男)이 아니리.

손만 뻗으면 현인(賢人)이며 성인(聖人)과 통할 수 있거니

글 읽는 몸이 이 밖에 다시 무엇을 탐하랴!

* 『삼국지』에 "술이 맑은 것은 성인이고 흐린 것은 현인"이라는 말이 있다.

冬日遣懷

歡交無舊亦無新

但恨事多逢不頻

天凍地氷何足嘆

含杯共樂是陽春

겨울날에 울적한 회포를 풀다

기쁜 교분이야 오랜 사귐 새 사귐 구분이 없지만

그저 한스럽기는 일이 많아 만날 때가 잦지 않다는 것.

하늘 얼고 땅 어는 게 무어 탄식할 것이랴!

술잔 들고 즐거움 함께하는 것이 곧 따뜻한 봄이거늘…

迎春有感

心緩平常事束身

天循公道物華新

紛飛蝴蝶延孩子

壯出苗芽快野人

觀水數驚行有急

對雲空羨步無塵

甕中家釀今應熟

拔苦入清耽此春

봄을 맞으며 감회가 있어

마음이 평상(平常)을 늦추니 일이 육신을 옥죄는데

하늘은 묵묵히 공도(公道)를 따라 풍광(風光)이 새롭구나.

어지러이 나르는 나비 떼는 조무래기들을 이끌고

씩씩하게 돋아나는 싹들은 시골 사람들을 기쁘게 하리라.

물 바라보며 흐름이 빠른 걸 자주 놀라다가

구름 대하여 걸음마다 티끌 없음을 부러워하나니

단지 안의 가양주(家釀酒)도 지금쯤 응당 익었을 터,

시름 뽑고 맑은 세상에 들어 이 봄 원 없이 즐겨보리라.

花後雪夜

北風猜忌東君事

意外庭花宿雪中

不惜爲斯春日短

明朝何語問傷容

꽃 핀 뒤 눈 내리는 밤에

북풍이 봄의 신(神), 동군의 일을 시샘하여
뜻하지 않게 뜰의 꽃이 눈 속에서 자게 되었다.
이 때문에 봄날 짧아지는 거야 아깝지 않은데
내일 아침에 무슨 말로 상한 얼굴을 위문하랴!

讚金彥鍾全廣鎭兩教授皆赴任於京師

龍公虎士臨同宇

喜慶連來是好時

哲甫道風丹鶴品

梧軒氣像碧松姿

性溫行順無毫缺

學博謀深有大施

節義由仁信由德

天應賦祿可推知

* 哲甫高麗大金彥鍾教授之雅號也
* 梧軒成均館大全廣鎭教授之雅號也

김언종·전광진 두 교수께서 모두 서울로 부임하신 것을 기리며

용호(龍虎)와 같은 선비들께서 같은 하늘에 임하시는

기쁜 경사가 연이어 왔으니 정말 좋은 때,

철보 선생님의 도풍(道風)은 단학(丹鶴)의 품새이신데

오헌 선생님의 기상은 푸른 솔과 같은 모습이십니다.

성품 온화하시고 행동 법도에 맞아 조금의 흠결도 없으시고

학문 연박하고 지모가 깊어 큰 베푸심이 있겠지요.

절의는 인(仁)으로 말미암고 신뢰는 덕으로 말미암나니

하늘이 응당 복록 내릴 것임을 미루어 알 수 있겠습니다.

* 철보는 고려대 김언종 교수의 아호이다.
* 오헌은 성균관대 전광진 교수의 아호이다.

送金君遇錫之任慶山

和氣穿山水漲池

金君策馬出京畿

年雖少小謀猶遠

性卽江河志益威

學問由虛移實完

聲望自邇及遐輝

通文似石難成塔

失事如蓬易毀扉

對卷沒頭忘俗界

交人坦臆得仙妃

風光長在所同樂

酒樂相逢何故稀

＊金君遇錫現任仁荷大敎授

경산으로 부임하는 김우석 군을 전송하며

온화한 기운 산자락 꿰어 봄물이 연못을 불리는 때,

김군은 채찍 휘갈기며 경기 땅을 나서리.

나이 비록 어려도 지모(智謀)는 오히려 심원(深遠)하고

성정(性情)이 곧 강하(江河)라 뜻 더욱 위세 있는 김군이여!

학문이 허(虛)에서 실(實)로 옮아가 완전해지듯

성망(聲望)도 가까이서 먼 데까지 빛나게 되리라.

글에 통달하기는 돌과 같아 그 탑 이루기 어렵지만

일 그르치기는 쑥대와 같아 그 사립짝 허물기 쉽나니

책 대하여 머리 묻어 속된 세상 잊어버리고

사람 사귐에 흉억(胸臆) 터놓아 아름다운 선녀 얻으라!

풍광(風光)은 길이 함께 즐기는 곳에 있나니

술과 노래로 서로 만날 일이 어찌 드물랴!

* 김우석 군은 현재 인하대 교수로 있다.

讀犀帶行後依其韻以敍懷寄鍾變兄

蟲鳴秋氣近

山色尙依然

迎風千里外

抱卷一燈前

無嫌物可用

有所人能全

恩門何日闢

貧士痛呼天

＊犀帶行李穡先生之所作也
＊鍾變兄姓金十餘年間任東新大敎授而未及半百得病棄世誠爲痛恨

「서대행」을 읽은 뒤에 그 운을 사용하여 심회를 펴 종섭 형에게 부치다

벌레 울어 가을 기운 다가오는데

산 빛은 오히려 의연하여라.

천 리 밖에서 불어오는 바람을 맞으며

책을 안고 등불 앞에 앉았나니

싫어함이 없어야 물건은 쓰일 수 있고

몸 둘 곳이 있어야 사람 완전해지는 법.

은혜로운 문은 어느 제나 열리려나?

가난한 선비는 통렬히 하늘을 부르짖네.

* 「서대행」은 이색 선생이 지은 것이다.
* 종섭 형은 성이 김(金)이다. 십여 년간 동신대 교수를 지냈는데 쉰이 되지 않아 병을 얻어 세상을 버렸으니 정말 통한이 된다.

悲仲秋節 戊寅

登秋蹂躪寸心灰
佳節今回興不回
祭士更衣奔野路
騷人植杖忘詩臺
庭中曝稻芽幾發
墻上懸匏蔓悉摧
月白風清天地裏
草蟲喞喞恨情催

중추절을 서글퍼하며 무인년

익어가는 가을이 짓밟혀 마음 마디마디 재가 되었음에

아름다운 명절 지금 돌아왔음에도 흥은 돌아오지 않아라.

제관(祭官)들은 옷 갈아입고 들길을 달리고

풍류객도 지팡이 꽂아둔 채 시 읊조리는 누대를 잊었음에랴!

뜰 안에 널린 벼엔 싹이 거의 돋아나고

담장 위 매달린 박은 덩굴이 온통 찢어졌는데

달 밝고 바람 맑은 온 누리에서

풀벌레 울어 제끼며 한스러움 더없이 돋우누나.

喜逢故友而翌日遠別

世事多端逢即別

酒樽未竭曉雞鳴

由來海水鹹無比

君莫船中灑淚行

* 故友科學者也是時絕望於待遇菲薄往美國移民其友不願見知於他人故不書其姓名

기쁘게 옛 친구를 만났으나 이튿날 먼 이별을 하다

세상일에 갈래가 많아 만남이 곧 이별,

술동이 아직 다하지 않았는데 새벽닭이 운다.

본디 바닷물은 짜기가 비할 바 없나니

그대여, 배 안에서 눈물 뿌리며 가지 말게나.

* 옛 친구는 과학자이다. 그 당시에 대우가 보잘것없는 것에 절망하여 미국으로 이민을 갔다. 그 친구가 타인에게 알려지는 것을 원치 않기 때문에 성명은 적지 않는다.

早蟬

抱書甘午睡

穿夢一條聲

難得身安靜

皆由物不平

多年地下恨

幾日世間情

薄暮移高樹

痛鳴枝欲傾

철 이른 매미

책 안고 달게 낮잠 즐기고 있으려니

꿈속을 파고드는 한 줄기 매미 소리!

일신의 안정 얻기 어려움은

모두 존재의 불평심(不平心) 때문인 것.

여러 해 땅속에서 벌레로 살았던 한이 있어

지상의 며칠 세월이 더 없이 아쉬울 터,

해질 무렵에 높은 나무로 옮겨 날아

통렬히 울어 제끼니 그 가지가 부러질 듯…

紫陌喜雨

此日何人能却酒

天針刺地俗塵無

潤霑草木翻身舞

奏樂餘音動國都

* 天針喻雨

서울에 내린 기쁜 비

이 날 뉘라서 술을 물리칠 수 있으랴!

하늘의 침이 땅을 찔러 속된 티끌 사라졌음에

촉촉하게 젖은 초목도 몸 번드치며 춤을 추고

연주(演奏)의 여음(餘音)이 장안을 울리는데…

* '천침(天針)'은 비를 비유한다.

送姜熙遠先輩之遊學美國

心有遠謀行有德

賀功襃賞固當然

虛筵漸大離京後

實力最強歸國前

西雅圖光如卷展

東方客嘆似珠連

分襟今日雨炎息

庶物怡涼悅碧天

* 姜熙遠先輩現任慶熙大敎授
* 西雅圖美國Seattle也

미국으로 유학 떠나시는 강희원 선배님을 전송하며

마음에 원대한 뜻이 있고 행동에 덕이 있으시니

공로 치하하고 상을 내림은 진실로 당연한 이치,

서울 떠나신 후로 빈자리는 점점 커지겠지만

귀국하시기 전에 실력은 최고가 되겠지요.

시애틀의 풍광이 두루마리처럼 펼쳐지면

동방의 나그네 탄성은 구슬처럼 이어질 터,

헤어지는 오늘, 비도 더위도 수그러들어

만물이 서늘함 기꺼워하며 푸른 하늘 즐기고 있습니다.

* 강희원 선배는 현재 경희대 교수로 있다.
* 서아도(西雅圖)는 미국 시애틀(Seattle)이다.

韓國足球遂進入半決賽

今番世界足球賽

太極男兒氣最先

青眼軍師令導在

紅顏戰士異能全

膏身奮激巨船覆

用兵時宜大捷連

一統應援籠一國

瑞光永照海東天

＊青眼軍師指Guus Hiddink監督

한국 축구, 마침내 4강에 진입하다

이번 월드컵 축구대회에서

태극 남아들의 기개가 가장 앞섰는데

푸른 눈을 한 군사(軍師)의 훌륭한 가르침이 있어

젊은 전사들의 빼어난 재능이 온전할 수 있었던 것.

몸 불사르며 치고 나아가 거함이 뒤집어지고

용병술 시의적절하여 대첩이 연이었지.

한결같은 응원도 온 나라를 하나로 만들었음에

서광은 길이 해동의 하늘에 비쳐 들리라.

* 푸른 눈의 군사(軍師)는 거스 히딩크(Guus Hiddink) 감독을 가리킨다.

戲作

迷豚放學日

兒母開學時

迷豚惜暇短

兒母怨日遲

재미삼아 짓다

아이 방학하는 날은

집사람 개학하는 때.

아이는 방학 짧다 아쉬워하지만

집사람은 해 더딘 게 원망스럽기만!

2부

題紫霞詩社

日白風休大塊清

紫霞雅會此中成

幸逢佳友眞情坼

時適陽春鬱氣晴

煙景益幽詩竝味

高談轉出興抽聲

勸君莫恨光陰促

閑隙如泉汲後生

자하시사에 부쳐

햇살 밝고 바람 아름다워 천지가 맑은데
자하시사 시회가 이 가운데서 이루어졌네.
다행히 좋은 벗님들 만나니 진정이 열리고
때마침 양춘가절이라 울적한 기분도 개이누나.
아름다운 풍광 더욱 그윽하여 시는 맛을 겸하고
고담준론 점차 나옴에 흥이 가락을 뽑으리.
벗님들께 권하노니 세월 짧다 한탄하지 마시라
한가한 틈은 샘물과 같아 길은 후에 생기는 법이니…

春日閑吟

風外時聞柳笛淸

芳花綻處小蹊成

閑溪膩滑芹尤潤

遠嶽翠蒼雲自晴

張臂步隨胡蝶舞

抽頑坐待野雉聲

糟糠飯案何能恨

乘隙行遊富此生

봄날에 한가하게 읊다

바람 너머로 이따금씩 들려오는 버들피리 소리 맑은데
향기로운 꽃 벙근 곳에 작은 오솔길이 열렸다.
한적한 계곡 매끄러워 미나리엔 더욱 윤기가 돌고
먼 산 푸르고 푸르러 구름 절로 개는 때.
팔 벌리고 걸음걸음 나비의 춤 흉내내다가
목 뽑고 앉아서는 꿩 울음소리 기다렸나니
변변치 못한 밥상이라 어이 한탄하랴,
틈을 탄 나들이가 이 내 삶 넉넉하게 하는 것을!

與中文科同學踏安東謝林君魯直

地是家鄉身是客

斯年裹足意長深

盤登祭飯思賢聖

月踏鞋橋料瑟琴

有酒不陪情注盞

無暇難次淚盈襟

飽經山水功何忘

但愧佳朋篤厚心

＊林君魯直吾友也字仁成號鶴山又號眉川現任國學振興院首席研究員

중문과 동학들과 안동에 답사를 가서 임노직 군에게 감사해 하다

땅은 고향 땅이건만 몸은 나그네라

이 해의 여행, 그 뜻이 길고도 깊네.

상위에 젯밥이 올라 현인들을 그리워하고

달빛이 미투리 다리 밟기에 부부 금슬 생각하였는데

술이 있어도 그대 마시지 못해 정을 잔에 따르고

겨를 없어 머물기 어려워 눈물이 옷깃에 가득하였지.

산수를 실컷 유람하게 한 공을 어이 잊으랴만

그저 훌륭한 벗님의 돈독한 마음에 부끄러울 따름.

* 임노직 군은 나의 친구이다. 자는 인성이며 호는 학산 또는 미천인데 현재 국학진흥원 수석연구원으로 있다.

屏山書院卽事

洛水滔滔洗俗情

屏山儼儼戒佻輕

群生亦得先賢語

晚對樓邊梅自傾

병산서원에서 즉흥으로 지은 시

낙동강 물은 도도히 속된 생각을 씻고

병산은 장엄히 경박스러움 경계하는데

뭇 생물 또한 선현의 말씀 들었음인지

만대루 가 매화가 절로 고개 숙이더라.

江村卽事

梅熟江村水坦流

車稀市遠物情幽

農丁秉耒催黃犢

詩老敲筇喚白鷗

牟麥庶秋忙磨釤

萍蘋猶少適投鉤

清居順理昇平是

何以功名齷齪求

강마을에서 즉흥으로 지은 시

매실 익어가는 강 마을에 물 평평히 흐르는데

차량 드물고 저자 멀어 물정이 그윽하여라.

농사짓는 장정은 쟁기 잡고 황소를 재촉하고

시 짓는 늙은이 지팡이 두드리며 흰 갈매기 부르는 곳,

보리 거의 익었으니 낫 갈기에 바쁘겠고

개구리밥풀 아직 어려 낚싯대 던지기 좋겠구나.

맑게 살며 이치 따르는 것이 곧 태평이리니

어이 공명을 악착같이 구하랴!

得登金陵鳳凰臺韻
與詩友遊金陵雲峰奉贈岳父

聘翁桑梓帶朋遊

澗水山雲共不流

梅子幾萎頻請雨

蝶兒群舞緩登丘

鶯啼狗吠如凡境

草郁菰香覺祖洲

日暈知時投壯景

明朝可賀滌農愁

* 祖洲仙境十洲之一或云山上有不死之草

「등금릉봉황대」 운을 얻다

시우들과 더불어 금릉 운봉에서 노닐고 장인어른께 받들어 드리다

장인어른 고향 땅을 벗들과 노닐던 때에

계곡 물도 산 구름도 흐르지 않았습니다.

매실 거의 시들어 자주 비를 청해보고

나비들 떼 지어 춤추기에 더디 언덕을 올랐는데

꾀꼬리 울고 개 짖는 거야 여느 동네나 같았지만

풀 우거지고 향초 향긋하여 조주를 떠올렸습니다.

햇무리도 때를 알아 장쾌한 모습 보였으니

내일 아침이면 농자의 시름 씻으심 경하드릴 수 있겠지요.

* 조주는 선경 10주 가운데 하나인데 산위에 먹으면 죽지 않는 풀이 있다고 한다.

暫訪鄉里宿一夜夜炎極甚難成眠

汗流霑背夢何長

遷榻開襟僅納涼

砌石夜深猶有熱

塘荷風息庶無香

懇求雨伯轟蛙鼓

空願劉公送鶴觴

強寢再三終未得

伴螢散步睡鄉忘

* 洛陽伽藍記云河東劉白墮善釀六月以甕酒曝於日中經旬味不動而愈香美朝士千里相饋號曰鶴觴

잠시 고향을 방문하여 하룻밤을 묵었는데 밤더위가 극심하여 잠을 이루지 못하고서

땀이 흘러 등을 적시거늘 꿈이 어찌 길어질까?

걸상 옮겨 가슴팍 열고서야 겨우 서늘함 얻었는데

섬돌은 밤이 깊어도 여전히 열기 머금었고

지당의 연꽃은 바람 멎어 거의 향기도 없구나.

비의 신이 개구리 울게 하기를 간절히 빌어보다가

부질없이 유백타가 향기로운 술 보내주기를 바래보았노라.

두세 번 억지로 잠 이루려다 끝내 이루지 못해

개똥벌레 벗 삼아 거닐며 잠을 잊었던 여름밤!

* 『낙양가람기』에서 말하였다. 하동의 유백타가 술을 잘 빚었는데 6월에 단지에 담긴 술을 한낮에 햇볕을 쬐게 하면 열흘이 지나도 맛이 변하지 않았으며 더욱 향기롭고 맛이 좋았다. 조정의 관리들이 천리 길에도 가져다 바쳤는데 술 이름을 '학상(鶴觴)'이라 하였다.

閑日雨中思友

雨日幽人作何事

有時呼婦請油煎

或如高枕玩書册

否則除煩嗜晝眠

한가한 날 비 내리는 가운데 벗을 생각하며

비오는 날 벗은 무슨 일을 하고 있을까?

어쩌면 집사람 불러 부침개를 청하거나

혹 베개를 높이 괴고 책을 뒤적이던가

그렇잖음 귀찮은 일 제쳐두고 낮잠 즐기고 있겠지.

次晚歸亭韻

高門遺德此亭深

額記題詩浹客心

溪瀑碎羞轟翠洞

山風梳鬱撼長林

欣泉悅石同人我

傾耳低頭別古今

要識先賢歸臥意

回看性學發清潯

* 晚歸亭在於伽倻山麓星山李判書凝窩公之亭也

만귀정 시에 차운하다

고귀한 가문의 유덕이 이 정자에 깊어

편액의 기문이며 제한 시들이 나그네의 마음을 적시는데

계곡의 폭포수가 부끄러움 빻느라 푸른 골짝을 울리고

산에서 부는 바람이 근심을 빗질하느라 긴 숲을 뒤흔드네.

샘과 바위를 기뻐하는 것이야 남과 내가 한가지건만

귀 기울이고 머리 숙이는 것은 고금이 같지를 않나니

선현께서 돌아와 산속에 은거한 뜻을 알고자 한다면

고개 돌려 성학(性學)이 맑은 물가에서 피어난 것을 보시라!

* 만귀정은 가야산 산록에 있는데 성산 이판서 응와공의 정자이다.

寓居讚

舍向北西常對空

房間雖狹日光通

開軒可得前林半

何論卜居襃蔣公

* 時余居於서울大BK國際館
* 蔣公指明末清初堪輿人蔣平字大鴻著有地理辨正水龍經等書

우거(寓居)를 기리며

집이 북서쪽을 향했지만 늘 하늘을 대하고 있어

방 비록 협소하여도 햇빛이 통한다네.

창을 열면 앞 숲의 반을 차지할 수 있는데

어찌 복거(卜居)를 논하며 장평(蔣平)을 기리랴!

* 이때 나는 서울대 BK국제관에 살고 있었다.
* 장공은 명말청초의 풍수인(風水人)인 장평을 가리킨다. 그는 자가 대홍인데 저서에 『지리변정』, 『수룡경』 등이 있다.

秋懷

秋日因事尋某人而不遇暮投溪上旅舍夜有停電對燭獨飲

盡葉掃聲吞水聲

滿天霜降氣寒清

主離客到事自跌

電斷燭挑悶益生

強對蟻醅難起興

幽聞雁引易添驚

偏方戍夜人踪絕

月入山窗透骨明

추회

가을에 일로 누군가를 찾아갔으나 만나지 못해 저물녘에 시냇가 여관에 투숙하였는데 밤에 정전이 되어 촛불을 마주하여 홀로 술을 마시다

낙엽 쓸리는 소리가 물소리를 삼키는데

하늘 가득 서리 내려 기운이 오싹하도록 맑은 때,

주인 떠나고 객이 도착했으니 일은 저절로 어그러진 것,

정전이 되어 촛불 돋우니 번민 더욱 생기누나.

억지로 술 대하였건만 흥 일으키기 어려워

기러기 울음 그윽이 듣노라니 놀라움만 쉬 더해져라.

외진 곳이라 초저녁에도 사람 자취 끊어졌는데

달빛만이 산창(山窓)으로 들어와 뼈에 사무치도록 밝구나.

四時四快

春朝行郊外

夏日泳溪中

秋夕望桐月

冬夜聽松風

사철의 네 가지 즐거움

봄날 아침에 들길 거니는 것

여름 한낮에 계곡에서 멱 감는 것

가을 저녁에 오동에 걸린 달을 보는 것

겨울밤에 소나무에 이는 바람 소리 듣는 것…

冬夜讀書有感

蟠根大樹亦嫌風

隱隱歔聲入室中

氣冷忘寒由酒德

夜長驅苦賴書功

耕耘慢緩口難潤

倉廩空虛心益窮

山凍河冰誠不怕

癡人無奈歲馳終

겨울밤에 책을 읽다가 감회가 있어

뿌리 서린 큰 나무도 바람을 싫어하는지

은은히 흐느끼는 소리가 방안까지 들어오는데

기운 싸늘하여도 추위를 잊을 수 있는 것은 술의 덕,

밤 길어도 괴로움 몰아낼 수 있는 것은 책의 공.

농사 게을리 한 탓에 입 매끄럽기 어렵고

곳간 텅 비었음에 마음 더욱 궁하여라.

산과 강이 어는 것이야 진실로 두려워할 바 아니지만

어리석은 이는 한 해가 막바지로 치닫는 걸 어쩔 수 없구나.

新曆見贈

雅兄遣使貽新曆

遠勝玉堂黃菊盆

盆菊雖佳纔一月

曆冀終歲案頭存

* 雅兄是韻山李永朱敎授
* 宋純先生之詞有自上特賜黃菊玉堂歌

[見答]
答新曆見贈

含情看玩無情物

莫莢植榮君子盆

枉擲金聲愧涓滴

吾家寶櫃得眞存

才如古貨今難賣

何日陽光照覆盆

曆命循環息又旺

浩然自守恒心存

새 달력을 받고

형님께서 심부름꾼 시켜 보내주신 새 달력이

옥당에 내려진 황국 화분 보다 훨씬 나은 것은

화분의 국화야 아름답대도 겨우 한 달일 뿐이지만

달력 잎은 해 다하도록 책상머리에 있을 것이기 때문.

* 아형(雅兄)은 운산 이영주 교수이다.
* 송순 선생의 시조(時調)에 「자상특사황국옥당가(自上特賜黃菊玉堂歌)」가 있다.

致牽牛與織女

牽牛與織女

莫恨天無槎

忍待銀河凍

隨時搭冰車

견우와 직녀에게

견우와 직녀여!

하늘에 뗏목 없다 한하지 말고

은하가 얼기를 기다렸다가

수시로 썰매를 타 보시게나.

歲暮 甲申

烏兔於焉欲告歸

空傷懶惰失時機

雪飛慾界易略地

酒灌愁城難破圍

有隙稱休耽物數

無聊託事覓書稀

明年亦樹明年計

誠作尾生終不違

세모 갑신년

올 한 해도 어느덧 작별을 고하려는 때,

게으름으로 시기 놓쳐 버린 걸 부질없이 아파하노라.

눈은 사바세계로 내려 쉬이도 대지를 점령하건만

술은 근심의 성으로 흘러들어도 성벽 깨기 어렵구나.

틈이 있으면 쉰다는 핑계로 잡동사니 즐기기 자주 하였고

즐길 게 없을 적이면 일을 구실로 책 찾는 일 드물었지.

내년에도 또 내년의 계획을 세울 터

진정 미생(尾生)이 되어 끝내 어기지 않으리.

乙酉正月初二日與家率遊江原陳富嶺滑雪場

春節偷閒隙

遙登滑雪原

初心如蟹步

高手似鰍奔

顛沛猶含笑

飢寒不覺煩

何愁天欲暮

電燭代曦軒

을유년 정월 초이틀에 가족들과 더불어 강원도 진부령 스키장에서 노닐다

설 연휴 한가한 틈을 타

아득히 스키장 올랐더니

초보들은 게인 양 걸음을 걷고

고수들은 미꾸라지처럼 내닫더라.

넘어지고 자빠져도 오히려 웃음 머금고

배고픔이며 추위에도 번거로움 느끼지 않나니

어찌 날이 금세 저물 걸 시름하랴!

전등이 해를 대신할 터인데…

冬夜一友度暇中打電話

好處原無山水別

樂時何有暑寒分

一雙雪板能挑興

秉燭夜遊冬日聞

겨울밤에 한 벗이 휴가 중에 전화를 하기에

좋은 곳에 본디 산수의 구별이 없는데

즐기는 때에 어찌 한서의 구분 있으랴!

스키 한 쌍이면 흥을 돋울 수 있음에

"병촉야유(秉燭夜遊)"가 겨울에도 들리는 것이리.

乙酉早春送鄭川步相泓之任豐基東洋大

春風習習渡牆籬

執友鄭公鞭馬時

號角不鳴藏劍久

唾珠頻吐把盃遲

今朝快意可配樂

他日欣心當入詩

積歲從容磨鍊客

豐基英傑亦應知

을유년 이른 봄에 풍기 동양대로 부임하는 천보 정상홍을 전송하며

봄바람이 산들산들 담이며 울을 넘어드는 지금은

뜻을 같이 하는 벗님 정공(鄭公)께서 말에 채찍질할 때…

호각 울지 않아 검 감추고 계셨던 날이 오래여도

옥과 같은 말 자주 토하느라 술잔 들기 더디 하셨는데

오늘 아침 통쾌한 뜻은 음악으로 엮을 만하니

훗날 기쁜 마음이야 당연히 시에 들 터,

오랜 세월 동안 조용히 연마해 온 검객을

풍기의 헌걸찬 남아들도 응당 알겠지요.

去年甲申韻山兄與諸友約一年一卷書今年乙酉春果然上梓第二詩集因戲作二絕而贈

其一

作詩雖簡册編難

每歲印行難又難

先進壯途應不廢

書箱狹小納收難

其二

書箱求備雖云易

佳品以充誰曰易

詩誠俊逸嫌無譯

願使諸生玩讀易

작년에 운산 형께서 여러 벗들과 1년에 한 권의 책을 약속하였는데 금년 봄에 과연 제2시집을 상재하였다. 이에 재미삼아 두 수의 절구를 지어 주다

1.

시 짓는 일 비록 간단하여도 책으로 엮기는 어렵고

해마다 책을 내는 일은 어렵고도 또 어려운 일.

선배께서 장한 뜻 품은 길 응당 그만두지 않을 터이니

내 책 궤짝 협소하여 수납하기 어렵겠구나.

2.

책 궤짝 구비하기는 비록 쉽다고 하나

아름다운 책으로 채우는 걸 뉘라 쉽다하리!

시는 정말 빼어난데 번역 없는 게 불만이니

원컨대 여러 사람들이 즐기며 읽길 쉽게 해주시길…

聞小南補任於慶北大退溪研究所所長

小南恒抱德

溫潤恰如春

動止欽無累

詩文羨有神

今擔退溪學

應至月川恂

世謂人加位

吾云位得人

* 小南吾詩友李世東教授之雅號也
* 月川退溪門人趙穆先生之雅號也

소남이 경북대 퇴계연구소 소장으로 보임되었다는 소식을 듣고

소남은 늘 덕을 품고 있어

온화하기가 흡사 봄날과 같은 사람!

행동거지에 흠결 없음을 흠모하노라니

시문에 정신(精神) 있음도 부러워지네.

이번에 퇴계학(退溪學)을 맡게 되었으니

응당 월천(月川)의 정성에 이르리라.

세상이야 사람이 자리를 더했다고 하겠지만

나는야 자리가 사람을 얻었다고 하련다.

* 소남은 나의 시우(詩友) 이세동 교수의 아호이다.
* 월천은 퇴계의 문인인 조목 선생의 아호이다.

3부

乙酉年南道踏查十二絕 其一
瀟灑園竹林有感

遊客由來好刻名

名區處處腳蹤明

竹稱妬母能知解

皮上字形寬且宏

* 俗呼竹名妬母草笋生旬有六日而齊母也

을유년 남도답사 절구 12수 · 1
소쇄원 대숲에서 감회가 있어

유람객은 본디 이름 새기기 좋아하여

빼어난 곳이면 어디든 발자취 분명한 법,

대나무를 "투모초"라 부르는 이유 알 수 있었던 것은

껍질 위의 글자 모양이 넓어지고 커졌기 때문.

* 세상에서 대나무를 일컬어 '투모초'라고 하는데 죽순이 나서 16일이면 어미 대나무와 같아지기 때문이다.

乙酉年南道踏查十二絕 其三
華嚴寺夕遊

守門直罷戌時前

遠客免錢遊佛園

天故早冥無擇處

讀經聲裏暗香傳

을유년 남도답사 절구 12수 · 3
화엄사 저녁 유람

매표소 직원들 근무가 술시 전에 끝나

멀리서 온 나그네들 공짜로 화엄사를 노닐었더니

하늘이 고의로 가릴 곳 없이 날 빨리 저물게 하였지만

독경 소리 속에 묻어오던 그 매화 향기!

乙酉年南道踏查十二絕 其十
茶山草堂有感

言卽草堂甍卽瓦

實名難副曷無瑕

先生一向全眞正

此日復來應叱嗟

을유년 남도답사 절구 12수 · 10
다산초당에서 감회가 있어

말은 초당인데 지붕은 기와,

명실이 상부하지 못하니 어찌 흠이 없으랴!

선생께서는 늘 진정(眞正)을 온전히 하셨으니

이날에 다시 오신다면 응당 호통을 치시리라.

乙酉年南道踏查十二絕 其十一 寶城茶園

杉樹參參天亦驚

茶園得此益揚名

長地疑是靑龍臥

膽怯愚生滅足聲

* 坮田隴也

을유년 남도답사 절구 12수 · 11
보성다원

삼나무 높고도 높아 하늘 또한 놀라는데

이를 얻어 더욱 이름 날리게 된 보성다원!

긴 사래가 청룡이 누운 것만 같아

겁을 먹은 이 몸은 발소리 죽였네.

* '둔(屯)'은 밭이랑이다.

乙酉年南道踏查十二絕 其十二 戲作而示中文科諸生

素看諸生做美花

諸生反是競尋花

花如有口能人語

應問爾曹何處花

을유년 남도답사 절구 12수 · 12
재미삼아 지어 중문과 학생들에게 보여주다

평소에 학생들 보며 아름다운 꽃으로 여겼는데

학생들은 도리어 다투어 꽃을 찾는구나.

꽃에게 입이 있어 사람 말을 할 수 있다면

응당 물으리라, 그대들은 어느 동네 꽃이냐고…

和三亦齋先生光陽竹枝歌

蟾津玉面待賢開

不是株株爲俗栽

三亦高雅風亦識

滿含香馥適時來

* 三亦齋柳種穆敎授之雅號也
* 玉面梅花之異稱

[原韻]

光陽竹枝歌

人皆深愛滿山開

我獨頗嫌至賤栽

最好白雲殘雪裏

東風只綻數枝來

삼역재 선생님의 「광양죽지가」에 화답하다

섬진강의 매화가 현자를 기다려 피었으니

그루 그루가 속인을 위해 심은 것은 아닐 터,

삼역재 선생님의 고아함을 바람도 알아

향기 가득 머금고 때맞추어 불어왔지요.

* 삼역재는 류종목 교수의 아호이다.
* '옥면(玉面)'은 매화의 이칭이다.

雨中晚梅

窓前一樹梅

今日雨中開

遙識辛苦甚

素顏含淚來

빗속에 핀 때늦은 매화

창 앞의 한 그루 매화나무,

오늘 빗속에서 꽃이 피었네.

오느라 고생 심했음을 저으기 알 수 있는 것은

창백한 얼굴에 눈물 머금고 왔기 때문.

初夏與舍弟尋某人途中即事

黃鳥知時吐好音

便停車轍坐楊林

日針溪畔芹幾黑

雲抱山腰洞益深

過雨滴乾蜂有力

落花香盡蝶無心

計程舍弟忘催路

酌量家兄苦一吟

초여름에 동생과 함께 아무개를 찾아가던 도중에 즉흥으로 지은 시

꾀꼬리가 때를 알아 좋은 소리 들려주어

바로 차바퀴 세워 두고 버들 숲에 앉았더니

햇살이 시냇가에 침을 놓아 미나리는 거의 검푸르게 되었고

구름이 산허리 안아 골짝은 더없이 깊어만 보이누나.

지나가는 비의 물방울 말라 벌은 힘차게 나는데

져버린 꽃에 향기 다하니 나비는 그저 무심하기만!

여정을 세던 동생이 길 재촉하기 잊었던 것은

이 형이 시 한 수 짓느라 끙끙대는 걸 헤아렸기 때문.

題豐基玄巖精舍

基州自古近牆東

雛鳳豐多起學宮

白鶴能親青嶺上

盤松可撫廣庭中

講經何負賢人意

傳道最須君子風

玄叟勞心終始一

龍門筆表養才功

* 玄巖精舍在於豐基東洋大境內玄巖崔鉉羽先生之所建
* 竹嶺上可以望安東鶴駕山故有第三句之語
* 松是東洋大之學者樹也
* 以君子風喻東洋大校是 선비精神

풍기 현암정사에 부쳐

풍기는 예로부터 은거의 땅에 속했는데

새끼 봉황 많고도 많아 학교를 세웠나니

푸른 재 위에서는 백학과 친할 수 있고

넓은 뜰에서는 반송을 어루만질 수 있네.

학문을 강론함에 어찌 현인의 뜻 저버리랴!

도를 전함에는 군자의 풍모가 가장 요긴한 것,

현암옹의 마음으로 애씀이 처음과 끝 한결같으니

사가(史家)의 붓끝도 인재를 기른 공덕 기리게 되리라.

* 현암정사는 풍기 동양대 경내에 있으며 현암 최현우 선생이 세운 것이다.
* 죽령 위에서 안동의 학가산을 바라볼 수 있는 까닭에 제3구의 말이 있게 되었다.
* 소나무는 동양대의 학자수이다.
* "군자의 풍모"로 동양대의 교시인 "선비정신"을 비유하였다.

我愛雨天

雨傘但能遮雨滴

何須心悅打而行

於顏節節多欲掩

我愛滿天銀竹橫

* 銀竹雨也語見李白宿鰕湖詩

나는 비오는 날이 좋다

우산이 그저 빗방울만 가릴 뿐이라면

어찌 기쁜 마음으로 쓰고 다니겠는가?

얼굴에 하나하나 가리고 싶은 게 많아

나는 하늘 가득 비가 비끼는 날이 좋다네.

* '은죽(銀竹)'은 비[雨]다. 말이 이백의 「숙하호(宿鰕湖)」 시에 보인다.

仲秋節有感 乙酉

令節雖回心未開

清風却載濁愁來

忽忽歸覲人遶墓

瑟瑟行吟我覓臺

雲片寬疏聊拜月

詩聯荒亂數含杯

客逢端正今年又

促織聲高鄉念催

중추절 유감 을유년

아름다운 명절 돌아왔어도 마음 아직 열리지 않아
맑은 바람이 도리어 탁한 시름 실어오는데
총총히 귀성 떠난 사람들 묘소 돌아볼 시각에
쓸쓸히 거닐며 시 읊조리던 이 몸은 대를 찾았노라.
구름 조각 성글어 그럭저럭 달은 배알했건만
시구 거칠고 어지러우니 술잔 자주 들밖에…
금년에도 또 객지에서 중추절 맞았거니
귀뚜라미 소리 높여 고향 그리움 재촉하누나.

戱贈韻山芸庭兩人兼示諸益

道汝登臨兼相片

伯眞經涉摘詩英

吾人裹足强貪酒

失態無邊招酷評

* 道汝芸庭權寧樂先生之字也
* 伯眞韻山李永朱敎授之字也

[見答]
戱答鴻山(伯眞)

文比飯而詩比酒 酒雄始可稱詩英

吾君吟詠篇篇好 醉氣融情特最評

戱答鴻山兄(道汝)

愛酒吾兄期李白 醉吟豪放已詩英

世人管見爲狂客 非是知音豈敢評

재미삼아 지어 운산 형과 운정에게 주고 겸하여 여러 벗들에게 보이다

운정은 산 오르고 물가 임하면 사진을 겸하고

운산 형은 들르는 곳마다 시의 꽃을 따는데

이 몸은 먼 길 나서면 억지로 술 탐하여

흐트러진 자태 가없어 혹평만 부른다네.

* 도여는 운정 권영락 선생의 자이다.
* 백진은 운산 이영주 교수의 자이다.

重陽節

佳辰屈指首重陽

世失風流已久長

潤色吳萸環幹赤

播香晉菊擇枝黃

登高俯谷溪張樂

坐石邀峰月勸觴

何恨今無飛帽事

滿山楓亦可周望

* 乙酉九日午間獨逍遙而逢半開黃菊及爛熟茱萸不勝其興懷故請韻山葛山兩兄至於近暮暫登冠岳相與酬酌而談古說今是日余雖携帽而不戴

중양절

좋은 날 손꼽자면 중양절이 으뜸인데

세상은 풍류 잃어버린 지 이미 오래.

색깔에 윤기 더하는 오나라 산수유는 가지 에우며 붉고

향기 뿌리는 진나라 국화 줄기 가려 누른빛을 띠는 때,

높은 곳 올라 골짝 굽어보노라니 개울이 가락을 타고

바위에 앉아 봉우리 맞이하였더니 달이 술을 권하여라.

어찌 오늘에 모자 날리는 일 없었다고 한스러워 하랴!

온 산에 가득하던 단풍도 두루 바라볼만했거늘…

* 을유년 중양절 낮에 홀로 거닐다가 반쯤 핀 노란 국화와 무르익은 산수유를 보았다. 그 흥취와 회포를 이길 수가 없어 운산 형과 갈산 형을 청하여 저녁 어스름에 이르러서야 잠시 관악에 올랐다. 서로 더불어 술잔을 주고받으며 옛날과 요즘을 얘기하였는데 이날 나는 비록 모자를 휴대하였지만 머리에 쓰지는 않았다.

遊平昌

嶺上高風識候迎

平昌庶物亦含情

艷艷雪裏楓千色

滴滴橋邊泉一聲

豊歲猶多蕎麵異

旱時恒轉水車驚

可山聲價饒鄉邑

墨客清歡自溢觥

* 此日五臺山上早雪已降故可睹戴雪之楓
* 泉是五臺山方亞脚藥泉也
* 蕎是歲凶時多播種故有第五句之語
* 可山小說家李孝石之雅號也

평창을 노닐다

고갯마루 위 높은 바람도 나그네 기다렸다 맞을 줄 알아

평창 땅 온갖 사물들 또한 정을 머금었나니

눈 속에서 곱디고운 단풍은 천 가지 빛깔인데

다리 근처에서 똑똑 떨어지는 샘물은 한결같은 소리!

풍년인데도 오히려 메밀국수가 많은 것이 이채롭고

가문 시기인데도 늘 돌아가는 물방아가 놀라워라.

가산 선생의 명성이 고을을 넉넉하게 하여

묵객들의 맑은 기쁨이 저절로 술잔에 넘치누나.

* 이날 오대산에 때 이른 눈이 이미 내렸기 때문에 눈을 인 단풍을 볼 수 있었다.
* 샘은 오대산 방아다리 약수이다.
* 메밀은 흉년이 들었을 때 많이 파종하는 것이기 때문에 제5구의 말이 있게 되었다.
* 가산은 소설가 이효석의 아호이다.

楓遊

滿天秋氣染山紅

倦世騷人何不叢

遊服華靡酒顏赤

樹楓猶願賞人楓

단풍놀이

천지에 가득한 가을 기운이 산을 붉게 물들이거니

세상에 권태를 느낀 시인들, 어찌 모이지 않으랴!

나들이 옷 화려하고 아름다운데 술 취한 얼굴 붉으니

나무에 든 단풍이 도리어 사람 단풍 보겠다고 하겠네.

昨夜返平昌後韻山兄打電話云時晚身困不願相會然而又不可無一飲以電話相與談笑而各自銜杯亦不可乎於是余與韻山及川步三人迭打電話以盡風流

三人各在三人處

迭送電音催酒頻

身困何須相會集

形骸不見可娛神

어젯밤에 평창에서 돌아온 후에 운산 형이 전화를 하여 말하기를, "시간도 늦었고 몸도 피곤하니 모이지 않았으면 하네. 그러나 또 한 잔 술이 없을 수 없으니 전화로 서로 담소를 나누며 각기 자기 술잔을 드는 것 또한 좋지 않겠는가?"라 하였다. 이에 나와 운산 형, 천보 형 이렇게 셋이서 번갈아 전화를 하며 마음껏 풍류를 즐기다

세 사람이 각기 세 사람 집에 머물면서

번갈아 전화하면서 자주도 술 재촉하였지.

몸 피곤한데 하필이면 서로 만나야 할까?

모습 보이지 않아도 마음 즐겁게 할 수 있는 것을!

冬日偶吟

野空天地寂

山疊日催移

羊角頻鳴樹

鵝毛忽壓枝

車燈隨處照

物景適時奇

路險心猶快

餘存酌酒期

* 羊角旋風也
* 鵝毛大雪也

겨울에 우연히 읊다

들이 비어 천지가 적막하기만 한데

산 겹쳐 있어 해도 옮겨가길 재촉하누나.

양 뿔 모양의 바람이 자주도 나무를 울리더니

거위 깃털 모양의 눈이 홀연 가지를 누르는구나.

자동차의 등이 곳에 따라 비치니

물상들이 때맞추어 기이한 모습 보여라.

길 험하여도 마음 오히려 유쾌한 것은

술 마실 기약이 남아 있기 때문!

* '양각(羊角)'은 회오리바람이다.
* '아모(鵝毛)'는 큰 눈이다.

訪昔谷書庵

好古儒生在

幽居免俗塵

谷中時入鑤

湖上數垂綸

請友談三極

招童講五倫

溫和常遠屋

不必爨爐薪

* 昔谷柳成烈先生之雅號也書庵在於龜尾長川其屋舍依山傍湖故有頷聯之語余與詩會諸益訪覓因留宿一夜翌日未明先生爲客析薪而爐之

석곡서암을 방문하고서

옛것을 좋아하는 선비가 있어

그윽하게 살며 속세의 티끌 면하였는데

골짝 안으로 이따금 호미를 들이고

호수 위에서는 자주 낚싯줄 드리우리.

벗을 청해 천지인(天地人)을 담론하고

아이들 불러 오륜을 가르치기도 하나니

온화한 기운이 늘 집을 에두르고 있음에

화로 땔나무 지피는 일이야 필요도 없겠네.

* 석곡은 유성열 선생의 아호이다. 서암은 구미 장천에 있다. 그 집이 산을 의지하고 호수를 곁하고 있기 때문에 함련의 말이 있게 된 것이다. 내가 시회 회원들과 더불어 방문했다가 하룻밤 묵게 되었는데 이튿날 새벽에 선생은 객들을 위하여 장작을 패고 화로를 지폈다.

醉歸後

如常稱事醉而歸

幼女讀書妻熨衣

身是家公行是客

赤顏尤熱曷無誹

취하여 집에 돌아온 후에

여느 때처럼 일이라 핑계대고 취하여 돌아왔더니
어린 딸은 책을 읽고 처는 옷을 다리고 있더라.
몸은 가장인데 행동은 나그네,
붉은 얼굴 더욱 화끈거리니 어찌 잔소리가 없으랴!

題石竹會

畿內佳人才士在

約期雅集鬪心局

曾爲學侶同螢案

今是道朋遊鶴亭

談上淸高詩可詠

酒中歡悅畵難形

花名號會含何意

似石堅嚴似竹靑

* 石竹會水原地域放送大中文科卒業生之雅會也

석죽회에 부쳐

경기도 땅에 재주 있고 어여쁜 사람들이 있어
시일 정해 고아하게 모여 마음의 빗장 푸는데
일찍이 학우가 되어 반딧불 책상을 함께 하고는
이제는 도반으로 학이 오는 정자에서 노니나니
나누는 얘기의 맑고 고상함은 시로 읊을 수 있겠지만
술 마시는 가운데의 기쁨은 그림으로 그리기 어려우리.
꽃 이름으로 모임에 호를 단 건 무슨 뜻을 담은 걸까?
돌처럼 굳고 엄정하며 대나무처럼 푸르리라는 것이리.

* 석죽회는 수원 지역 방송대 중문과 졸업생들의 아회(雅會)이다.

暮春鄉里吟

花稀蜂覓地

雨洽物乘時

堂燕回巢數

田牛入舍遲

甘眠由履正

苦惱起偏私

追惜終何益

獨觴聊綴詩

늦은 봄에 고향마을에서 읊다

꽃 드물어 벌이야 이곳저곳 찾아다녀도

비 흡족하여 만물은 좋은 기회 만난 듯…

대청의 제비는 둥지로 돌아오는 일 잦아지고

밭 갈던 소는 외양간 드는 시간이 더뎌지기만!

단잠은 정도(正道)를 몸소 행하는 데서 비롯되고

고뇌는 사사로움에 치우쳐 일어나는 법,

지난날 추사(追思)하며 탄식한들 무슨 이득 있으랴!

홀로 술잔 기울이며 애오라지 시를 엮어보노라.

4부

戲吟

吾家阿堵物

好出固嫌留

用力難擒置

祗望數入眸

* 阿堵物錢也語見世說新語此語亦可指頑童

재미삼아 읊다

우리 집 이 물건은

나가긴 좋아하고 머물긴 정말 싫어하는데

힘으로는 잡아두기 어려워

그저 자주 눈에 띄기만 바랄 뿐…

* 아도물은 돈이다. 말이 『세설신어』에 보인다. 이 말은 또한 말 안 듣는 아이를 가리킬 수도 있다.

處暑日度暇村戲吟

處暑當天期避暑

率妻携子探山鄉

飛蚊白晝叮人甚

乃料除墳不必忙

* 俗說云候及處暑蚊子之口喎斜山野之草不長故世人此際多祭掃然而是日天氣猶蒸炎雖是白晝蚊子咬人更有力乃余以爲草亦可長故戲作此詩

처서에 휴가지에서 재미삼아 읊다

처서 당일에 피서를 기약하고

처자식 거느리고 산골을 찾았더니

모기가 대낮에도 사람 심하게 물어

벌초 서둘 필요 없음을 알게 되었네.

* 속설에 절후가 처서에 이르면 모기의 입이 돌아가고 산야의 풀이 더 이상 자라지 않는다 하여 세상 사람들이 이즈음에 벌초를 많이들 한다. 그러나 이날 날씨는 여전히 찌는 듯이 더웠으며 대낮이었음에도 모기가 사람을 무는 데 더욱 힘이 있었다. 이에 나는 풀 또한 더 자랄 수 있을 것으로 여겨 재미삼아 이 시를 지었다.

露珠

風梭暫動體難依
日脚輕捎跡忽稀
一滴能含丘嶽大
何人敢謂彼生微

이슬방울

바람 북이 잠시 움직여도 몸 의지하기 어렵고

햇살 가볍게 스쳐도 자취 홀연히 사라지지만

한 방울로도 큼지막한 언덕과 산 담아낼 수 있나니

뉘라서 감히 저 이슬방울의 삶을 보잘것없다 하랴!

시작 노트 이른 아침에 집 주변 언덕을 산보하고 있으려니 나뭇잎 위에 앉은 이슬방울이 가벼운 바람에도 또르르 구르는 모습이 눈에 들어왔습니다. 멀지 않아 해가 뜨고 언덕에도 햇살이 찾아들었습니다. 한참을 보고 있노라니 이슬방울의 수가 눈에 띄게 줄어들더군요. 얼마 남지 않은 이슬방울을 안쓰러워하며 자세히 들여다보았더니 세상에! 건너편 산이 그 작은 이슬방울 하나에 고스란히 담겨 있는 것이 아니겠습니까? 흔히들 이슬을 덧없는 것에 비유합니다만 저는 이날 아침에 이슬방울의 위대함에 놀랐습니다. 거부할 수 없는 바람과 햇살의 위세 앞에서도 한순간이나마 찬란하게 자기 몸뚱이의 수천억 배가 족히 넘을 그 큰 산을 넉넉히 안고 있던 모습을 지켜보면서 저는 말로 형언하기 어려운 경건함 같은 것을 느꼈습니다. 그리하여 제4구에서 뉘라서 감히 저 이슬방울의 삶을 보잘것없는 것이라 말할 수 있겠는가라고 하였던 것입니다. 작고 약한 존재라도 존재의 이유가 있음에 그 존재가 무시되어서는 안 된다는 것을 온몸으로 느꼈던 이날 아침, 장시간의 산보로 비록 아침을 거르기는 했지만 정말이지 저는 무척 행복했습니다.

初秋述懷

涼風淅淅貫山林

金氣入庭誰可禁

露墮清珠晨益濕

蟲延悲曲夜加深

看書忽憶開顏笑

傾瓮遙憐勸酒音

何待丹楓千萬色

普天無處冪寒心

* 余今秋因某事與一友絕交此詩思其友之作也

초가을 회포를 적다

서늘한 바람이 서걱이며 산과 숲을 꿰고 있거니

가을 기운이 뜰에 드는 걸 뉘라 견딜 수 있으리!

이슬이 맑은 구슬을 떨궈 새벽은 습기를 더하고

벌레가 슬픈 노래를 늘여 밤은 깊이를 더하는데

책 볼 양이면 홀연 얼굴 펴고 웃는 모습 떠올라

술 단지 기울이며 아득히 권주의 말 그려보나니

천만 가지로 물들 단풍 빛깔인들 어이 기다리랴!

이 넓은 하늘 아래 시린 마음 덮을 곳도 없는데…

* 나는 이번 가을에 모종의 일로 한 벗과 절교하였다. 이 시는 그 벗을 생각하며 지은 것이다.

幼女之勸告

千萬阿爹無飲酒

何嫌間或得零錢

阿爹醉後煩阿母

阿母起皮吾等前

＊ 余醉歸後間或呼兒子給零錢

어린 딸의 권고

절대로 아빠 술 드시지 마세요!

가끔 용돈 생기는 게 어찌 싫겠어요만

아빠 취하신 뒤 엄마 귀찮게 하면

엄마가 우리 앞에서 신경질 내니깐…

* 나는 취해서 집에 돌아온 후에 간혹 아이들을 불러 용돈을 준다.

放送大講授後某人用手機時留寸言以悅吾心然而終不明其姓名因戲作五絕一首

子知吾是某

吾暗子爲誰

性耆調皮事

心中別有兒

방송대에서 강의한 후 누군가가 핸드폰으로 이따금 문자를 남겨 내 마음을 즐겁게 하였다. 그러나 끝내 자기 성명은 밝히지 않았다. 이 일로 인해 재미삼아 오언절구 한 수를 짓다

그대는 내가 누군지 알지만

나는 그대가 누군지 몰라.

성품이 장난스러운 일 좋아하니

마음속에 따로 아이가 있는 듯…

旅路上詩人之悲哀二首

其一

常催拍照復前行

風物總存人背後

相片耗磨何憶遊

詩家卞急強吟又

其二

數日客程將告了

幽人須待滿囊歸

遊觀只是照像事

何以追思粗筆揮

여행길에 오른 시인의 비애 2수

1.

늘 사진 찍기만 재촉하고 다시 앞으로 가니

풍물은 모두가 사람 등 뒤에 있는 것,

사진이 마모되면 어떻게 유람 기억하랴!

시인은 조바심에 어거지 시 또 짓는다네.

2.

수일의 여행 일정 장차 끝나려 하는데

벗은 응당 시낭 채워 돌아오길 기다리리.

유람이 그저 사진 찍는 일 뿐이었으니

어떻게 더듬어 생각하여 거친 붓 휘두른다?

見初雪思秋冬之界

秋末葉紛飛

冬頭亦無別

混淆何劃分

界上存初雪

．

첫눈을 보고 가을과 겨울의 경계를 생각하다

가을 끝자락이면 잎새 어지러이 날고

겨울 첫머리 또한 다를 게 없는데

가을과 겨울 뒤섞인 걸 어떻게 나눌까?

그 경계 위에는 첫눈이 있지.

贈室人

咄咄愚儒何尙寬

紅塵萬丈起波瀾

君常買菜頻衡價

我以耽書自做官

今載仍然驚赤字

明年聊爾徒青戀

洞形如月洞名亦

玉魄無時俱厭看

* 吾家翌年之冬轉居於富川如月洞

집사람에게 주다

혀나 차던 어리석은 선비가 어찌 되려 느긋할 수가 있는가?

붉은 티끌이 만 길 높이로 파란을 일으키는데…

그대는 늘 찬거리 사며 자주 가격 저울질하지만

나는야 책에 탐닉하는 걸 스스로 벼슬로 삼는 몸.

이 해도 여전히 적자가 놀랍지만

내년이면 잠시나마 푸른 산자락으로 이사한다네.

동네 형세가 달과 같아 동네 이름도 그렇다니

달이야 무시로 함께 실컷 볼 수 있겠구려.

* 우리 집은 그 이듬해 겨울에 부천 여월동으로 이사를 하였다.

秋日寄小南

秋欲告終天尙寬

滿庭紅葉作波瀾

榻空書絕杯當友

夜早晨遲隱勝官

子事頻頻連若索

吾心憫憫重於巒

風師暫許乘鳳駕

可免銀蟾孤影看

가을날 소남에게 부치다

가을이 작별을 고하려는 때 하늘은 오히려 느긋하여

뜰에 가득한 낙엽들이 파도를 일으키는데

걸상 허전하고 편지글 없으니 술이 벗에 해당하고

밤 이르고 새벽 더디니 은거가 벼슬보다 좋아라.

그대의 일 잦고도 잦아 동아줄처럼 이어짐에

내 마음 속 안타까움은 산보다 무거운 것.

바람 신이 잠시 수레 타는 일 허락하신다면

저 달을 외로운 그림자로 보는 것은 면할 수 있으련만…

晚秋訪友

山影偏斜處

楓林幾里間

葭因風數臥

鳥爲雨爭還

犬吠門猶掩

葉飛庭自閑

幽人應釣水

展目一溪彎

늦은 가을에 벗을 방문하다

산 그림자 반쯤 비낀 곳에

단풍 숲이 몇 여리.

갈대는 바람으로 인해 눕기를 자주하고

새는 비 때문에 돌아가길 다투는데

개 짖어도 문은 여전히 닫혀 있고

낙엽 날리는 뜰은 저절로 한가하기만!

벗님은 응당 물고기 낚고 있을 터,

눈길 펴니 한 줄기 시내가 휘어있구나.

藥袋

案頭詩未積

藥袋疊書間

句拙心催酒

飲多身得患

약봉지

책상머리에 시 아직 쌓이지 않고
약봉지만 책 사이에 쌓이는 것은
시구 졸렬하여 마음이 술을 재촉하고
마신 것이 많아 몸이 병을 얻은 때문.

詠印章

身卽微微蓋代人
權能自古値千鈞
祇愁有事纔單食
或罕或頻非一均

* 首句之蓋重義字也
* 鈞三十斤也

도장을 노래함

몸은 보잘것없으나 대개 사람을 대신하여

권능이 예로부터 천 균의 무게에 값했는데

그저 시름겨긴 일이 있어야 겨우 간단한 식사,

그나마 혹은 드물고 혹은 잦아 고르지 않다는 것.

* 제1구의 '개(蓋)'는 중의적인 글자이다.
* '균(鈞)'은 30근이다.

冬夜風

睡裏稀微聞扣扃
開門但見地霜凝
天風不識人凡節
夜半無聊促點燈

겨울밤 바람

잠결에 빗장 두드리는 소리를 희미하게 듣고
문 열었더니 보이는 건 땅위에 엉긴 서리뿐.
하늘의 바람이 사람들 범절을 알지 못하고서
한밤중에 심심하여 등 켜기를 재촉하였던 것.

春風
綻花風卽落花風

濟水踰山來自東

此間無日不吹風

人人賞讚開花事

渾忘離時斂化工

봄바람

꽃을 피운 바람이 곧 꽃을 지게 하는 바람이다

물 건너고 산을 넘어 동쪽에서 와

이 땅에 바람 불지 않는 날 없는데

사람들은 봄바람이 꽃 피우는 일 기리지만

떠날 때 그 재주 거두는 건 까맣게 잊는다.

妻促斷煙

有朋起坐同甘苦

點火相親三十霜

共床未廿吾家室

動促絕交言壽康

집사람이 금연을 재촉하다

벗이 있어 서서나 앉아서나 고락을 함께하면서
불 밝히며 서로 친한지가 서른 해가 되었는데
침상 함께한 지 스무 해도 되지 않는 집사람이
걸핏하면 절교 재촉하며 장수와 건강 말한다네.

一友打電話勸買地

吾卽泮蛙若

曷能持大錢

架書雖盡賣

不得幾畦田

* 泮蛙書癡也意即泮水之蛙泮水之邊曾有學宮舊時學人讀書聲略
  似蛙鳴故高麗人或以此語代書癡

한 친구가 전화를 걸어 토지 매입을 권하기에

나는 반수의 개구리와 같은 사람,

어떻게 큰돈을 가질 수 있겠는가?

서가의 책 비록 다 판대도

몇 이랑의 밭도 사지 못할 걸세.

* 반와(泮蛙)는 책벌레[書癡]이다. 뜻인 즉 반수(泮水)의 개구리라는 것인데 반수 가에 일찍이 학궁(學宮)이 있었고 옛날에 학인(學人)들이 책을 읽는 소리가 대략 개구리 울음소리와 비슷하였기 때문에 우리나라 사람들은 간혹 이 말로 서치(書癡)를 대신하였다.

夜中皮球越柵來

皮球越柵滾轉速

僅捕而投應急需

做事微微多謝語

下坡路遠路人無

밤중에 공이 철책을 넘어 오다

공이 철책을 넘어와 빠르게 구르기에

간신히 잡아 던져 다급한 요구에 응했네.

한 일은 미미한데 감사의 말이 많았던 것은

내리막길 긴데다 길가는 사람이 없었기 때문.

시작 노트 집에서 저녁을 먹고 밀린 일을 위해 학교 연구실로 가고 있는데 갑자기 축구공이 기숙사 운동장 철책을 넘어오더니 도로 한가운데서 아주 재빠르게 구르고 있었습니다. 둔한 몸을 날려 간신히 잡고는 대뜸 "그냥 낙성대까지 굴러가게 놔둘 걸"이라 하며 던져 주었더니 내가 민망할 정도로 여러 명이 여러 번 인사를 했습니다. 꼭 낙성대까지 가본 적이 있었다는 것처럼…(지금은 없어진 서울대 관악사 구관 운동장에서 낙성대까지는 상당히 긴 내리막길입니다.) 사실 말이 났으니 말이지 한번은 내가 미처 손쓸 겨를도 없이 공이 사정없이 굴러가는 걸 본 적이 있습니다. 어쩌면 그때 그 공을 잡으려고 나섰던 학생은 낙성대까지 가지 않았을까 싶습니다. 저녁 9시를 전후한 시간이면 유난히 인적이 드문 기숙사 길에서 어설픈 시나마 한 수 건질 수 있었던 것은 순전히 철책 너머로 공을 차 넘긴 친구 덕택인데 그 친구 이름이나 물어둘 걸 하는 생각이 이제야 드네요.

待雪戲作

自嬰歡雪天

半百情猶隱

仙女罷工非

今時稀餅粉

* 餅粉喻雪語見童謠也

눈을 기다리며 재미삼아 짓다

아이 적부터 눈 내리는 날을 좋아하였는데

나이 오십에도 정 여전히 은은하여라.

선녀들이 파업을 하는 것일까?

요사이 떡가루가 드문 걸 보면.

* 떡가루는 눈을 비유한다. 말이 동요 「눈」에 보인다. — "펄펄 눈이 옵니다. 하늘에서 눈이 옵니다. 하늘나라 선녀님들이 하얀 가루 떡가루를 자꾸자꾸 뿌려줍니다."

吾家所嫌

女息惡身肥

愚生嫌句拙

荊妻厭兩人

動輒休餐啜

우리 집이 싫어하는 것

딸아이는 몸이 살찌는 것을 싫어하고
나는 시구가 졸렬한 것을 싫어하는데
우리 집사람은 두 부녀가
걸핏하면 끼니 거르는 걸 싫어한다네.

爲舍弟心山書展韻

桃紅柳綠艷陽春

我弟心山書展辰

研墨多年方現影

爲詩數載已和神

修身履道從今始

積學抽精自此彬

早晚應多餘慶日

無忘似草漸增新

賀心山書展對聯

堆雲捲處巖容秀

驟雨晴時水響佳

동생 심산의 서예전을 위하여 지은 시

복사꽃 붉고 버들 푸른 햇살 아름다운 봄은
내 동생 심산이 서예전을 여는 날!
먹 갈기를 여러 해, 바야흐로 세상에 모습 선보이는 때,
시를 쓴 지도 몇 년이라 이미 심신 기쁘게 할 수 있다네.
일신 수양하여 도를 실천하는 일이 오늘로부터 시작되나니
배움 쌓아 정수를 뽑는 일이야 이로부터 빛나게 되리라.
멀지 않아 경사 넘칠 날 응당 많아질 것이니
풀처럼 점차 새로움 더할 일 잊지 말기를!

심산의 서예전을 축하하는 대련

짙은 구름 걷힌 곳에 바위 모습 빼어나고
소나기 개인 때에 물소리 아름답네.

賀午泉李啓準教授停年退任

功成身退是天明

山下爲泉樂隱生

盈塢自卑歌抑損

利人不伐戒虛名

熱而反洌寒而暖

對卽常恬味卽淸

平澤大霈何獨譽

日中止渴亦光榮

* 午泉李啓準先生之雅號也累十年任서울大微生物科敎授

오천 이계준 교수의 정년퇴임을 경하하며

공을 이루고 몸이 물러남은 하늘의 도(道)이거니

산 아래에서 샘이 되어 조용한 삶을 즐기시리라.

둑이 가득 차면 스스로 낮추며 겸손과 양보를 노래하고

사람 이롭게 하고도 자랑하지 않아 헛된 명성 경계시키리.

날 더워지면 도리어 시원하고 추워지면 따뜻하며

대하면 늘 고요하고 깨끗한데 맛보면 맑은 샘물!

넓은 연못이 크게 적셔준 것만을 어찌 유독 기리랴!

한낮에 갈증 풀어주는 것 또한 아름다운 은총이리니…

* 오천은 이계준 선생의 아호이다. 수십 년간 서울대 미생물과 교수로 있었다.

賀養眞齋落成韻

天許曺門萬代春

妙山鳳谷瑞光臻

慕先雄閣千誠集

賀慶佳筵一意淳

抽劍貞心垂世範

養眞陰德睦宗親

奉行偉志何難有

花樹連墻馥四隣

＊ 養眞齋一葉靑曺漢儒先生之後孫所建也在於陜川郡妙山面鳳谷里

양진재의 낙성을 경하하는 시

하늘이 조씨 문중에 만대의 봄을 허락하여

묘산의 봉곡에 상서로운 빛이 모였는데

조상을 추모하는 웅장한 집은 수천의 정성이 깃든 것이라

경사 축하하는 아름다운 자리엔 한결같은 뜻이 도탑습니다.

검을 뽑았던 곧은 마음은 세상에 모범을 드리우고

참됨 기르며 몰래 베푼 은덕은 종친을 화목하게 하였나니

거룩한 뜻 받들어 행하는 데 무슨 어려움이 있겠습니까?

꽃나무가 담에 잇닿아 사방을 향기롭게 하거늘…

* 양진재는 일엽청 조한유 선생의 후손들이 세운 것으로 합천군 묘산면 봉곡리에 있다.

致藝誠

塵寰是險洋

人眾皆孤島

爾我共浮杯

一橋相築造

* 藝誠吾友之字也而其友不願見知於他人故不書其姓名

예성에게

인간 세상은 험한 바다

사람은 모두 외로운 섬.

그대와 나 함께 술잔 띄움은

다리 하나 서로 놓는 것.

* 예성은 내 친구의 자이다. 그런데 그 친구가 타인에게 알려지는 것을 원치 않기 때문에 성명은 적지 않는다.

푸른사상 창작 한시선 1
술다리 酒橋

1판 1쇄 발행 2011년 1월 5일 | 1판 2쇄 발행 2011년 2월 20일

지은이 · 강성위
펴낸이 · 한봉숙
펴낸곳 · 푸른사상사

등록 제2-2876호
주소 서울시 중구 을지로3가 296-10 장양B/D 7층
대표전화 02) 2268-8706(7) | 팩시밀리 02) 2268-8708
메일 prun21c@yahoo.co.kr / prun21c@hanmail.net
홈페이지 www.prun21c.com
ⓒ 2011, 강성위

ISBN 978-89-5640-791-3 03810
ISBN 978-89-5640-790-6 04810(세트)

값 10,000원

☞ 푸른사상은 좋은 책을 만들고 있습니다.
 저자와의 합의에 의해 인지는 생략합니다.